12周科学游泳指南

12周——从久坐族到轻松游完400米的蜕变

〔英〕丹尼尔·福特　著

〔英〕亚当·迪克森　健身顾问

〔英〕罗素·墨菲　心理顾问

方　勤　译

河南科学技术出版社

·郑州·

图书在版编目（CIP）数据

12周科学游泳指南/（英）丹尼尔·福特（Daniel Ford）著；方勤译. — 郑州：河南科学技术出版社，2018.10
ISBN 978-7-5349-9254-4

Ⅰ.①1… Ⅱ.①丹… ②方… Ⅲ.①游泳-运动训练-指南 Ⅳ.①G861.102-62

中国版本图书馆CIP数据核字（2018）第149544号

出版发行：河南科学技术出版社
地址：郑州市经五路66号 邮编：450002
电话：（0371）65788673 65788810
网址：www.hnstp.cn
策划编辑：李 林
责任编辑：谢震林
责任校对：韩如月
封面设计：张 伟
责任印制：朱 飞
印 刷：郑州新海岸电脑彩色制印有限公司
经 销：全国新华书店
开 本：787 mm × 1 092 mm 1/32 印张：4.5 字数：90千字
版 次：2018年10月第1版 2018年10月第1次印刷
定 价：39.80元

欢迎您，12周游泳挑战从这里开始……

本书的作者，深知您想要健身、获得健康，却迟迟没有采取行动。

您的生活十分忙碌，锻炼这件事需要配合您生活中的其他人和事，如朋友、伴侣、孩子、工作等等。

您健身只是为了享受乐趣，就像与朋友出去吃顿饭或者出去玩一玩也是乐趣的一部分一样，所以要把健身当作生活中普通的一部分。

您下定决心要开始健身，您希望可以有一个健身计划来引导您逐渐实现这个目标。

您的12周专属游泳计划

1

承诺迎接挑战

告诉其他人您的打算，让自己没有退路。

2

开始游泳

计划正在有序进行，您可以慢慢地放松下来，开始游泳……

7

继续前行

终点近在眼前，不必忧虑，只需依照计划锻炼……

8

重新面对挑战

充满自信地期待自己完成目标，并且再次提出400米游泳的挑战……

9

注重细节

是时候改善您的游泳技巧了……

10

保持思维在路上

您感觉自己变得强大了，但是不要过度自信。仍然还有一些事情要做……

3

拉伸和放松

拉伸和放松是锻炼计划中不可或缺的部分……

4

游泳成为一种习惯

游泳很快会成为您生活中不可或缺的一部分……

6

享受健康的好处

一直在努力的您现在感觉更健康……

5

顺畅的游泳节奏

您现在在泳池的感觉应该比以前更舒服，享受游泳的节奏吧……

11

胜利在望

全身心地投入挑战，避免开始新的项目……

12

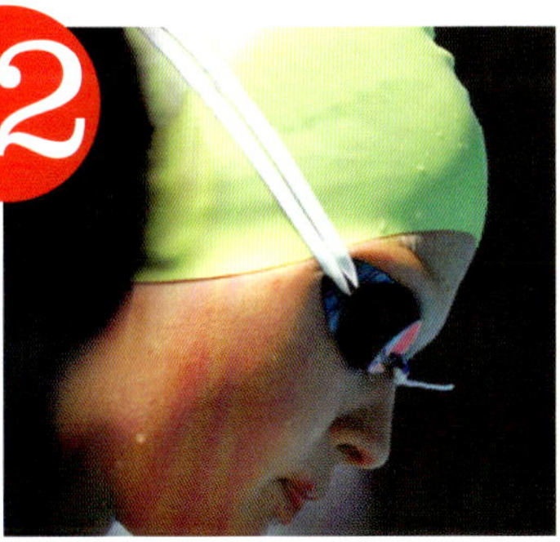

准备就绪

您的所有努力都将化为实践，放手一搏吧……

引言

准备迎接游泳挑战

很多人做事情有拖延的习惯。就像现在，您可能已经打算将游泳付诸行动，从现在开始锻炼一段时间。但是，您又有拖延的理由——或是为了践行工作的承诺，或是需要料理家务。“我处理完手头上的事情后，就开始健身。”或许在这之前您已经对自己承诺无数次了，但是总有这样或那样的理由导致您无法实施。

值得高兴的是，您已经打破了固有的思维方式，因为要想完成一件事情，最重要的一步就是下定决心。一旦您下定决心，也就开始向成功迈进了。所以，当您决定不再吃双层芝士比萨并购买此书时，游泳之路就从现在开始启程了。当然，后面仍有12周的锻炼，但是最重要的第一步已经开始，而第一步正是最艰难的一步。

在本书中，您将看到来自不同行业的人所写的激励人心的话语，您可以从中吸取精华，得到帮助，甚至找到您最爱的语句。同时，也请记住，在最后那一天，您将成为能够完成400米游泳目标的人。

一件事

开始锻炼，这是您现在唯一应该集中精力去做的事情。不要想着现在就放弃吸烟和酗酒，开始吃沙拉。如果您想一下子改变很多，就更有可能半途而废。

成功不属于胆小鬼，它属于那些寻求指导、做出决断并果敢采取行动的人。

——乔斯·席尔瓦

不要为未来焦虑，不要担心后面要开始的12周锻炼，仅仅把它当作工作中的一个大项目来处理。您不用担心如何才能完成整个项目，只要把它切分为几个可以执行的小任务——需要完成什么？办公室中谁最擅长完成这些工作？每项工作需要耗时多久？我们需要从外部获得什么？哪些供货商最擅长完成哪些工作？然后您将这些小部分有效地拼接在一起，组成一个完整的项目。无独有偶，游泳挑战也是同样的道理。您每周完成一部分，然后拼接这些模块，最后就可以为完成400米游泳的挑战做好充足的准备。

想象成功是本阶段极好的练习。许多人不重视这一点，但是思维和身体是有机结合、一起运转的。顶级运动员会花费很多时间想象成功，因为他们知道这非常重要。他们会反复想象从开始到结束的每一个细节，他们的思维总会走在身体的前列。

听

倾听自己的身体。通过倾听身体的反应，可以知道什么时候舒服，什么时候难受。跟随此健身计划，听从建议，但是也要记得身体才是最好的指导老师。

现在用片刻去想象前面有什么在等着您，最好找一个安静的地方去想象。也许闭上双眼会大有裨益。请记住，您在为自己的思维制订计划，所以要保持乐观。设想在迎接挑战的那天，自己穿上游泳装备的模样，内心将会感到强烈的欢快。您期待自己刚刚完成400米的游泳，在上班时，您可以自豪地告诉同事自己表现得如何出色。想象并不会多花费很长时间，但当您憧憬自己的成功时，您的思维和身体都在完成12周游泳挑战的路上。

看

在付出实际行动之前，确保自己能预见最后的成功。您的大脑和身体是一个团队，头脑是领导者，所以请务必花时间去构想最终的成功。

如何使用本书

好了，现在您已经想象出最终的结果，是时候开始采取必要的行动了。您能轻松看出来这本书被分成了12个阶段，即12周。每周都会对这一周的重点做简要概述。在前一周结束时阅读下一周的计划，以便有时间消化它。与上面所述一样，想象一下本周锻炼结束时成功的画面（来吧，您已经驾轻就熟了）。不要跳过这几秒的想象，因为这对于在头脑中先行巩固下一周锻炼起重要作用。书中还有食物、饮料、心理健康、睡眠等方面的知识，这些完全可以运用到这12周里。

每周最重要的是您的健身计划和日记。在前一周结束时认真阅读下周的计划，才会有足够的时间来理解吸收。同时，也要确保留出时间写日记来记录每日的活动，不要将日记慢慢退化成“有时间再做”，不然您会发现，一天结束之后您根本没有时间写日记了。要像对待一个重要的会议或家长会一样，认真对待每一周的锻炼。

在有些页面底部，您会看到一些交通灯图标提示“需要做”“需考虑”，以及“不要做”等。这些是在锻炼中可以用到的小建议。您也会看到页面上有“奖励”，当这周锻炼完成的时候，有一些奖励是值得期待的事情——是不是很贴心？在右侧日记栏记录每天的感受。这是结束每部分最好的方法，在之后回味起来也会非常有趣。您会惊讶于自己进步的速度。

最后，在每一周的最后，总结一下自己在本周所取得的成绩。同样，利用笔记栏记下自己的想法和感受，因为这是对本周锻炼的一个分割线，可帮助您为下一周的锻炼做准备。然后，您可以拍拍自己，给自己一个奖励。

何时

如果您是第一次或是长时间的休息之后重新开始锻炼，先跟医生确认您的健康状况。要解释清楚您的计划，并征得医生的同意。

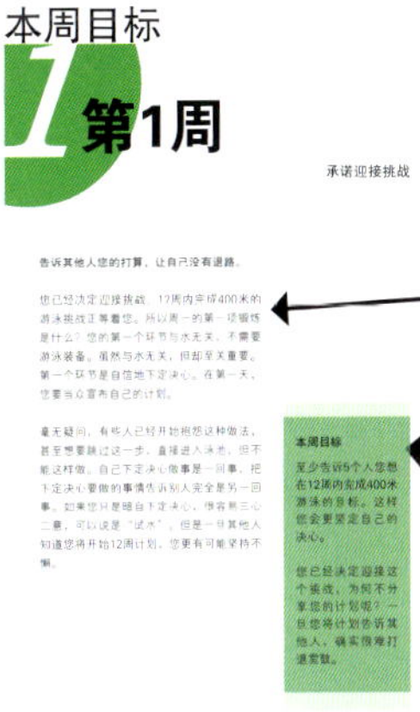

在每周结束时，阅读下周的锻炼内容，这样您才有时间来消化这些内容。

这个是您本周目标的概要。在这一节的其他地方，您会发现一些关于食物、饮料或心理健康的小片段。

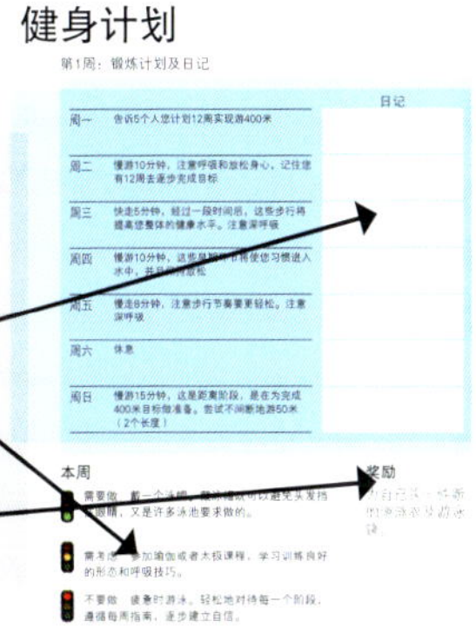

确保您把每周锻炼看得与约会一样重要。它们的确很重要。记录自己的感想，即使只是“当我进入泳池时，看到了史密斯小姐，她给我留下了深刻的印象”或者“今天感觉良好”。

这些是一周锻炼可以使用的额外的小建议。

这就是您每周结束时所期待的内容。

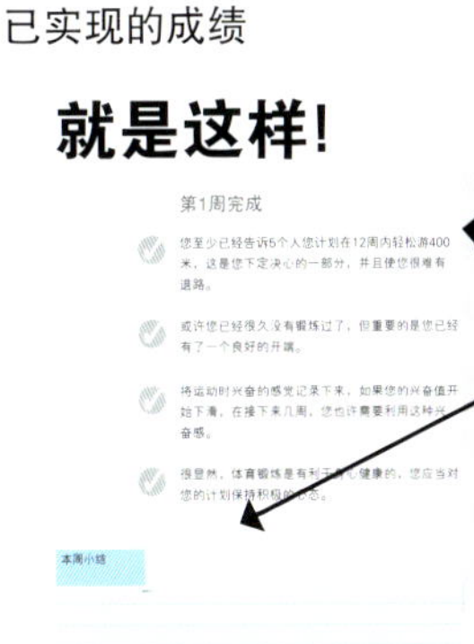

祝贺您，这是本周完成的内容。

无论好坏，都要花费片刻记录本周的感受。

1 第1周

承诺迎接挑战

告诉其他人您的打算，让自己没有退路。

您已经决定迎接挑战，12周内完成400米的游泳挑战正等着您。所以周一的第一项锻炼是什么？您的第一个环节与水无关，不需要游泳装备。虽然与水无关，但却至关重要。第一个环节是自信地下定决心。在第一天，您要当众宣布自己的计划。

毫无疑问，有些人已经开始抱怨这种做法，甚至想要跳过这一步，直接进入泳池，但不能这样做。自己下定决心做事是一回事，把下定决心要做的事情告诉别人完全是另一回事。如果您只是暗自下定决心，很容易三心二意，可以说是“试水”。但是一旦其他人知道您将开始12周计划，您更有可能坚持不懈。

本周目标

至少告诉5个人您想在12周内完成400米游泳的目标。这样您会更坚定自己的决心。

既然您已经决定迎接这个挑战，为何不分享您的计划呢？一旦您将计划告诉别人，确实很难再打退堂鼓。

下定决心的那一刻，您的目标实现就得到了保证。

——麦克 R. 道格拉斯

第1周：锻炼计划及日记

		日记
周一	告诉5个人您计划12周实现游400米	
周二	慢游10分钟，注意呼吸和放松身心，记住您有12周去逐步完成目标	
周三	快走5分钟，经过一段时间后，这些步行将提高您整体的健康水平。注意深呼吸	
周四	慢游10分钟，这些早期环节将使您习惯进入水中，并且保持放松	
周五	慢走8分钟，注意步行节奏要更轻松。注意深呼吸	
周六	休息	
周日	慢游15分钟，这是距离阶段，是在为完成400米游泳目标做准备。尝试不间断地游50米（2个长度）	

本周

需要做：戴一个泳帽。戴泳帽既可以避免头发挡住眼睛，又是许多泳池要求做的。

需考虑：参加瑜伽或者太极拳课程，学习训练良好的形态和呼吸技巧。

不要做：疲惫时游泳。轻松地对待每一个阶段，遵循每周指南，逐步建立自信。

奖励

为自己买一件新的游泳衣及游泳镜。

至少选择5个朋友或者家庭成员，告诉他们您的游泳挑战。如果您愿意，也可以告诉更多人。如果您尤其自信，可以运用一切社交软件，广泛传播这个消息。但是不要躲在自己推特或者脸书背后宣言，当面告诉别人也是一个重要的过程。

当您决定告诉他人时，不要穿着新的健身装备高兴地去上班，没有人会喜欢这样的人。在此阶段，您确实需要他人的鼓励，所以保持平常心就好。当别人问您周末做了什么时，您可以自豪地宣布自己买了一本新书（当然是本书），并且已经决定按照书中的健身计划行动。

大部分人都会予以支持，即使有人对您的计划不屑一顾，也不要拖延，让这些负面的言语或神情鞭策您，证明这些人是错误的，这样可以给您带来动力。但是您确实需要一些鼓励，所以要确保告诉一些会支持您计划的人（最好的朋友和妈妈都会不吝鼓励之词）。

以上为第一天的活动，在本周接下来的日子，您需要在水中完成三次短时间的锻炼，然后步行一会儿来放松自己。步行至关重要，在本次计划接下来的几周，您都需要步行。游泳是最困难的运动之一，当逆水运动时，整个身体都需要运动起来。步行可使身体在完成一项难度较大的运动后得以休息，有利于整体健康。

48

本周您将锻炼48分钟。48分钟并不是很长的时间，也许还没有与朋友喝咖啡的时间长，也许少于您观看最爱的电视节目的时间。本周锻炼并没有花费想象中那么长的时间，所以请确保留出时间锻炼，就像确保留出时间从事其他活动一样。

关于承诺只有两种选择，要么做，要么放弃。

——帕特·赖利

女性锻炼足够程度图

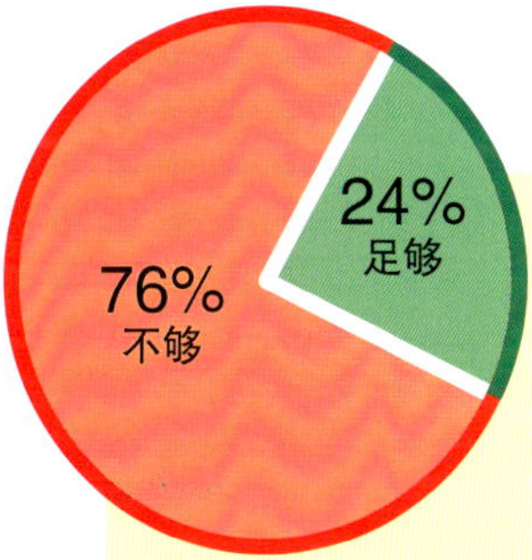

英国政府的健康指南指出，在英国，只有24%的女性（37%的男性）进行了足够的锻炼。很好，您已经加入他们的队伍了。

数据显示，大多数人非常容易陷入不健康的陷阱。如果您想在接下来的几周放弃锻炼，记得提醒自己这一点。

您可能很久没有游泳了，不要紧张，放轻松。在12周游泳计划的前期，要专注于锻炼平稳的呼吸模式，以及流畅的划臂动作。在每周日，要练习长距离游泳。本周，您要完成两个长度的锻炼（随着身体越来越健康，本计划中的目标将逐渐增加）。然而，请您记住这些只是目标，如果无法完成，也不要担忧。若您觉得在完成两个长度的锻炼中间有必要休息一下，这也无妨，不要害怕，可以放心休息。

在开始一个新的计划时，心中既兴奋又担忧是最好的状态。而这种心情与您在机场，手握护照和登机牌登机时核对航班的情绪完全不同。您要享受这种感觉，将其珍藏于记忆库中（也可以在笔记栏记录下感受）。在接下来的几周，当热情逐渐消退，没有现在如此高涨时，您可以挖掘记忆深处，回想此刻的这种兴奋感（重新阅读笔记）。但是现在请享受飞行时刻，接下来您的航班即将出发。

一切您能想象的都是真实的。

——巴勃罗·毕加索

就是这样！

第1周完成

- 您至少已经告诉5个人您计划在12周内轻松游400米，这是您下定决心的一部分，并且使您很难有退路。
- 或许您已经很久没有锻炼过了，但重要的是您已经有了一个良好的开端。
- 将运动时兴奋的感觉记录下来，如果您的兴奋值开始下滑，在接下来几周，您也许需要利用这种兴奋感。
- 很显然，体育锻炼是有利于身心健康的，您应当对您的计划保持积极的心态。

本周小结

第2周

开始游泳

计划正在有序进行，您可以慢慢地放松下来，开始游泳……

在本周计划的前期，您需要调整好心态，并且下定决心完成游泳挑战。您已经在泳池完成一些平缓的锻炼，并且步行了一段时间，但这些只是为了使您习惯水中环境和再次运动。

现在是时候真正适应游泳了。在本周初期，我们建议您请一位合格的游泳教练对您进行指导，从而完善游泳技巧和呼吸方式。要知道，教练的作用不只是指导小孩子学习游泳，或者指导顶级游泳运动员角逐奥运金牌。由于您已经离开泳池一段时间，您的技术难免不娴熟，您可能会缺乏自信，而缺乏自信则会影响呼吸模式。为了在计划中保持最佳锻炼状态，在游泳时，您需要划臂流畅，呼吸平缓。所有这些，一位合格的教练都可以帮助您。向教练解释一下您将要做什么及您将遵循的计划，让游泳教练帮助您完成此计划中几个推荐的阶段。这还是一次与他人建立关系的绝佳机会，而这个人可以在您迎接挑战的锻炼过程中为您提供帮助。

本周目标

得到游泳教练的指导。找一位合格的游泳教练，向其解释您正在做什么，并请教如何改善游泳技巧和呼吸方式。

在本周两次游泳锻炼中，练习从教练那里所学到的知识。

诺言是云，收获是雨。

——阿拉伯谚语

第2周：锻炼计划及日记

		日记
周一	休息；开始日常锻炼并思考您的目标	
周二	请一位合格的游泳教练。您可以从中学到游泳技巧和呼吸方式，这有利于您完成目标	
周三	快走5分钟，如果您已经学会正确呼吸，现在就将其付诸实践	
周四	游泳10分钟，练习从教练那里学到的技巧	
周五	慢走8分钟	
周六	休息	
周日	热身，尽量无间断地完成75米（3个长度）的游泳锻炼。休息5分钟，然后冷身（cool down）。放松并注意呼吸方式	

本周

需要做：练习从游泳教练那里学到的技巧，这将使您的表现更出色，并可为长距离锻炼节省体力。

需考虑：增加复合碳水化合物的摄入，如燕麦、意大利面、蔬菜和水果，减少饱和脂肪、巧克力和甜点的摄入。

不要做：忘记热身和冷身运动。可在主要运动前后进行几分钟的平缓游泳练习。

奖励

如果没有小孩，可以在周日清晨躺在床上放松！

在本周接下来的游泳中，将您从教练那里学到的知识付诸实践，尤其是呼吸方式。请记住，周日是用来进行长距离游泳的——本周目标由1个长度增长为3个长度。如前所述，这只是一个目标，即便不能完成，也不必担心，放心休息。

当您处于水中，平稳的运动是至关重要的。以往的经历告诉我们，在水中是“欢快的”。岁月匆匆，不要把自己当作活力四射的青年，没有热身就立马跳入泳池，径直去游泳。您现在可是在进行长度练习，而不是在和朋友嬉戏。但是可以以同样的态度对待游泳——不把游泳视为练习，而是视为处理完日常工作后，令人期待的休息时刻。因为不必负重练习，所以游泳是很好的锻炼方式，尤其适用于不能跑步或进行其他锻炼的人。游泳还可以增肌、改善身体姿态。

2.4升

身体每天丢失或排出水分约2.4升（4.22品脱），因此我们每天需要补充这么多水分。虽然食物可以提供水分，但是每天喝足够的水也是非常重要的。只有喝足够的水，才能确保不会脱水。

不积跬步，无以至千里。不积小流，无以成江海。

——荀子

RACINE
SELECT
1/10
SWISS MADE

享受水中时间，同时恭喜您再次锻炼。但是即使您觉得自己目前的状态很好，甚至认为自己处于世界顶端，也不要在计划之外进行额外的游泳锻炼，不要在休息日游泳。在计划刚开始想做很多练习实属正常，但是要像龟兔赛跑中的乌龟一样坚持不懈，最终胜利到达目的地，而不是像兔子那样半途而废。当然，只有您真正明白自己能够完成多少，12周的计划是让您平稳地完成400米游泳目标，请一定要坚持完成。

经常倾听身体的声音。如果您在某一阶段，认为自己运动过量，就要停下来休息；如果有必要，可缩短锻炼时间。如果您在本周感到疲惫（疲惫可能来自运动，也可能来自其他），可多休息一天，不要让身体透支。

当休息后开始再次运动时，您通常会刻意地注意自己的身体。刚开始您可能会想，“我游泳时是否看起来有点蠢？”“我的游泳衣会突出我的赘肉吗？”有这些想法很正常，但要做到尽量不要关注别人的想法（大部分人通常更关注自己），因为这个挑战只与您相关。然而，如果这些想法确实影响了您，您可以在泳池相对安静的时间（可能是刚开始营业时）进行锻炼。

每日摄入的热量

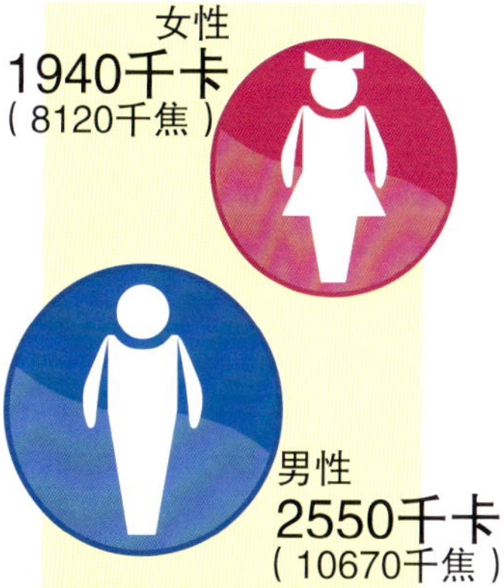

没有必要对热量过分执着，我们买的大多数食物包装上都清晰地标明了营养成分，所以我们很容易就能知道摄入的热量。

一个人每天需要的热量取决于各种因素，如身高、体重和生活方式。这张图显示的是英国权威机构的估计平均值。

如果想做一件事，那就去做吧。

——普劳图斯

就是这样！

第2周完成

- 您在游泳教练的帮助下改善了技巧和呼吸方式。每次游泳时，注意将所学的知识付诸实践。

- 即使此刻您感觉异常兴奋，也需要明白坚持完成这个计划需要付出恒心。

- 在游泳的早期阶段，您需要平稳地完成锻炼计划，不要操之过急。您仍然有充分的时间去强身健体，并可成功地完成挑战。

- 如果您担心别人异样的眼光，可以在泳池相对安静的时间进行锻炼。尽量不要受这种事情的干扰。

本周小结

第3周

拉伸和放松

拉伸和放松是锻炼计划中不可或缺的部分……

您喜欢压力吗？不要急于回答这个问题。长时间工作以及工作上过多地苛刻要求会造成压力，这种压力当然不是好事，也没有人会喜欢它。然而，另外一种不同的压力则是您锻炼中必不可少的部分。为了锻炼身体的力量和心血管的适应能力，您的身体需要处于一定的压力中。如果您从不让您的肌肉的承压能力超过其承受范围，它们永远不会变得强壮。心血管系统也一样。那么现在，您喜欢压力吗？

但是事实并没有那么简单，您不能一直让自己的身体处于无穷的压力之下，不能一直寻求回报，这样很容易把身体推向不健康的边缘。强身健体也需要充分的休息时间。当您通过运动（以合适的方式）给自己身体施压后，身体需要一段时间恢复。如果身体没有恢复好，将无法进入下一个阶段。这是为何本计划中包含很多休息日。享受每一个休息日，因为它们和锻炼一样重要。

本周目标

重视休息日，休息日有助于身体在努力锻炼后恢复，是锻炼计划中不可或缺的部分。

要养成良好的睡眠模式，避免周末“补觉”。

放松自己，让才华发挥作用。

—— 查尔斯·巴克利

第3周：锻炼计划及日记

		日记
周一	休息。为了给下一个阶段做准备，本周锻炼时间有些许减少	
周二	热身，游2个长度，休息30秒，注意技巧和呼吸方式。重复3遍	
周三	快走5分钟	
周四	重复周二的锻炼，注意技巧和呼吸方式	
周五	在每日步行（如步行去公交车站）之外慢走5分钟	
周六	休息	
周日	热身，游100米（4个长度）。休息5分钟，冷身。注意技巧和呼吸方式	

本周

需要做：恭贺自己已经完成三周的锻炼。根据计划，离完成目标更近了一步。

需考虑：不游泳的时候，找个有益的放松方式，如读书、洗热水澡、按摩。

不要做：和其他游泳者攀比。提醒自己，这是属于您的娱乐，好处也只属于您一个人。

奖励

关手机1小时，抬高双脚，放松自己。

当然，“休息”不是意味着整日无所事事，毕竟，我们还担负着家庭和工作的责任。但可以尽量在白天匀出休息的时间洗个热水澡、看一场电影或读一本书。放松有助于重新找到运动的感觉，能量饱满地进行下一阶段的锻炼。

最好的休息方式是睡眠。有规律的锻炼也有助于睡眠。但是，不要把锻炼时间安排在睡前，也不要在睡前饮用易使人兴奋的饮料，如酒、咖啡等。巧克力、茶、软饮料、一些止疼药和咖啡中都含有咖啡因，会让您难以入眠。虽然酒有助于入眠，但是会造成睡眠质量不佳。

如果您可以养成每天准时睡觉、准时起床的良好作息习惯，您将从睡眠中获得极大的好处。在如今这个繁忙的世界里，很多人都在周末“补觉”。然而，由于“补觉”打乱了睡眠习惯，身体会出现不良反应，所以要尽量养成规律的睡眠习惯。

38%

英国研究发现，不运动的人在医院待的天数要比运动的人多38%，看医生的次数要比运动的人多5.5%，使用专家服务的次数要比运动的人多13%。

运动是改变人的身体、情绪和思维状态的良药。

——卡罗尔·韦尔奇

拉伸对于所有运动的人都至关重要。因为游泳是一项所有肌肉都参与的活动，所以拉伸在游泳锻炼中尤其重要。要确保每次锻炼前，花费一些时间进行拉伸。开始时需要小心并且非常缓慢地拉伸身体，因为此时的肌肉还不够温暖和柔软。按顺序拉伸身体的每一个部位——双腿背面（小腿肚、腘绳肌和臀部）、双腿正面（股四头肌）、背部、肩部和颈部，有助于游泳前放松，使身体不紧张。在锻炼结束时重复此过程，可以避免肌肉收紧。如果在一个不错而且控温的泳池里游泳，您的肌肉将会变热，是可以拉伸的。

拉伸不应只是在“时间允许”的前提下完成，应该将拉伸当作每周锻炼中必不可少的一部分（我们鼓励您在接下来的日子里坚持进行拉伸）。一些人认为拉伸是锻炼中“可有可无”的一部分，但是当您花费几分钟拉伸肌肉后，您会很快发现其中的好处。

外卖所含的热量

没有什么可以比得过美味的外卖，但是要注意热量的摄入。上图是肯德基鸡胸肉（163克）、一个巨无霸汉堡（215克）和一个必胜客6英寸（15厘米）的比萨所含的热量。

教练可以激励运动员，而动力来源于自身。

—— 阿农

就是这样！

第3周完成

- 您认识到必须给身体施压，从而增强身体力量和心血管适应能力。适当的休息对身体的恢复至关重要。
- 您明白睡眠是最好的休息方式，养成了良好的睡眠习惯，每天按时起床、睡觉。
- 您会在锻炼前后花几分钟拉伸。
- 在休息日进行拉伸，可以为下一周的锻炼做好准备。

本周小结

4 第4周

游泳成为一种习惯

游泳很快成为您生活中不可或缺的一部分……

养成良好的习惯是美好的事情，因为您会自然而然地做习惯的事情，不需要刻意提醒自己。养成一个习惯是相当简单的：您只需坚持一遍遍地做同样的事情，直到这个行为根深蒂固，并且成为一种习惯。值得庆幸的是，一旦养成一种习惯，这种习惯就很难改变。

根据400米游泳挑战的计划，您已经开始播下养成良好习惯的种子。坚持努力锻炼，时间越久，您锻炼的行为将越根深蒂固。在您意识到习惯养成之前，您甚至会不假思索地戴着装备跳进泳池。好！习惯已经养成。

目前处于锻炼计划的早期，所以您仍然觉得锻炼是一件新鲜的事情，并且感到兴奋，它还没有成为您日常生活的一部分。要多久才能让游泳成为您生活中的一部分呢？使习惯根深蒂固的时间因人而异，所以要坚持按计划行事，并且要不断锻炼。

本周目标

不断努力锻炼，直到这成为生活的一部分。

如果您经常重复相同的动作，这将成为一种习惯——道理是如此简单。不久您就将整理好自己的游泳装备，不假思索地走向泳池。

习惯可变难为易，
轻而易举才能臻于
完美。

——道格·亨宁

第4周：锻炼计划及日记

		日记
周一	休息。本周锻炼的时间有所增加，牢记目标，轻松应对	
周二	向合格的游泳教练请教。记下上节课游泳技巧上的错误，并努力纠正	
周三	快走8分钟	
周四	热身，游50米（2个长度），休息20秒。注意游泳技巧和呼吸方式。重复3遍	
周五	慢走10分钟	
周六	休息	
周日	热身，游100米（4个长度），休息5分钟，冷身。在接下来的几周，这种长距离游泳将会有所增加	

本周

需要做：根据游泳教练的建议，稍作调整。记住精湛的技巧有利于提高整体表现。

需考虑：变化速度。可在2个轻松的阶段变化速度，记得在中途充分休息。

不要做：生病（如感冒）时，强迫自己进行锻炼。从健康角度来看，生病时锻炼除了会危及健康，而且得不偿失。

奖励

做一次专业的按摩。

您这样想：当您是比萨店的常客时，您并不是有意让身材走样的。生活的压力——工作和家庭等，悄悄潜入您的身体，在您意识到之前，在沙发上一边吃外卖，一边看电视已成为每晚的惯例。因为您经常这样做，于是成了一个习惯。现在您在进行规律的锻炼（与上述不同的是，您是有意这样做的），在适当时机这也将成为一种习惯。

在此过程中，您可以做一些事情以帮助某种行为根深蒂固。根据建议将锻炼安排在日常生活中，坚持锻炼，并且花些时间去憧憬，在日记里记录每一次的锻炼。您可能不喜欢提前规划事情，但是如果您将所有锻炼都当作重要的会面，您就不可能做其他与锻炼时间相冲突的事情。

与他人一起锻炼有许多益处，您也可以考虑与朋友一起锻炼（如果您还没有这样做）。当遇到困难时，你们可以相互鼓励，亲切友好的话语总能帮助您继续前行。当您认为自己处于不错的状态，而您的朋友正在挣扎时，您可以报答他。但是有一个锻炼伙伴的最大好处是——您很难跳过某次锻炼，更难完全放弃。您在计划之初，对5个人公开自己的决定，一部分原因就是让自己很难有退路。如果您开始与朋友一起锻炼，可使决定更加坚定。当您想到同伴正在游泳池等您，您真的很难在床上多睡半小时。

66天

养成一个习惯平均需要66天，虽然这是平均的时间，但是将陌生的行为转换为自动的习惯，有的人耗时更短，有的人则更长——所以请坚持，不久运动将成为您的习惯。

一个人如果停止进步，
就等于停止变优秀。

——奥利弗·克伦威尔

有多少人有充足的睡眠?

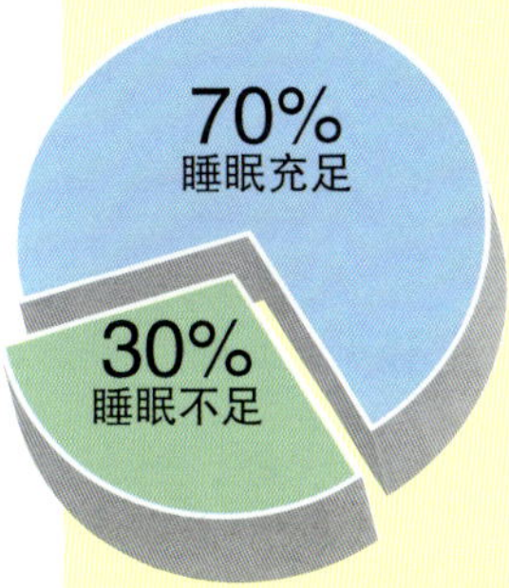

美国一项调查显示，30%的人没有充足的睡眠（至少睡够6小时才叫睡眠充足）。

睡眠不足会导致各种各样的健康问题，并很难进行健身和身体锻炼，所以要确保自己是70%的睡眠充足中的一员。

如果您想和别人一起锻炼，就尽量找一个身体素质和您差不多的人，这样您就不会一直努力地去追赶同伴，而别人也不会总担心落后于您。

您也应该确保把锻炼安排在不易被打扰的时间。如果您要接送孩子上学，就不要在这个时间段游泳；如果您知道老板希望您加班，就避免工作后去游泳，也许您公司附近有个泳池，午餐时间去游泳是否合适呢？当然，您无法控制所有事情，也会有这样的时候，需要您临时决定的事情比您原本看似完美的计划更重要，但是如果您提前规划，找一个适合自己的时间，这种事情发生的概率就会减少。

把困难分解成多个部分，逐个加以解决。

——笛卡儿

就是这样！

第4周完成

- 您正在逐渐改变晚上窝在沙发上吃外卖的习惯，养成锻炼的良好习惯。
- 您明白养成良好的习惯需要一定的时间，所以您需要继续努力锻炼，不久运动习惯将会根深蒂固。
- 您把每次锻炼都当作一次重要的见面，不会轻易错过。将其安排进日常生活也能帮助您不错过锻炼。
- 在白天找一个没有人打扰的时间锻炼，避免把锻炼安排在繁忙的时间段。

本周小结

5 第5周

顺畅的游泳节奏

您现在在泳池的感觉应该比以前更舒服，享受游泳的节奏吧……

长假后返回泳池，常会感觉有点不适应。当然，您不可能忘记如何游泳，您只是忘记了轻松穿过水中时轻快而平稳的节奏。

您现在还不能像年轻的海豚一样恣意戏水，但是您应该不会再像之前一样匆忙草率。使肌肉记住最有效的活动方法并不需要很长时间，即使我们只完成了几周计划，您在水中的感觉也比以往更舒服。还有什么比似乎不费吹灰之力就能轻松划水更棒的事情吗?

提高游泳成绩最佳的方法是游泳、游泳、不断地游泳。在接下来的几周，您的游泳方式和身体健康状况将继续有所改善，您的身体将明显变得灵活，您也可以找到锻炼的最佳方法，所以在游泳的最初阶段尽量放松自己，并且相信放松的力量。花些时间探究游泳技巧将使游泳计划进行得更顺利。

本周目标

花些时间观察您的游泳技巧。

虽然身体擅长自我调节，您没有必要成为游泳方面的大师，但是花几分钟观察并改善自己的游泳姿势是十分必要的。

一切的奖励来自于做
自己未知的事情。

—— 阿农

第5周：锻炼计划及日记

		日记
周一	休息。多想想自己在水中的姿势，思考如何使用双手，可在镜子前面举起手练习	
周二	热身，游75米（3个长度），休息20秒。注意游泳技巧和呼吸方式。重复2遍	
周三	快走8分钟	
周四	热身，游50米（2个长度），休息20秒。注意游泳技巧和呼吸方式。重复4遍	
周五	慢走10分钟	
周六	休息	
周日	热身，游150米（6个长度），休息5分钟，冷身。注意游泳姿势要放松，呼吸要舒畅	

本周

需要做：随着锻炼时间的逐渐增加，睡眠时间也要增加。要保持早睡早起的习惯，而不是晚上不睡，早上赖床。睡眠有利于锻炼的推进，并能改善整体的健康水平。

需考虑：白天喝水量要增加，坚持每餐饭后喝一杯水，这样有利于补充水分及帮助消化。在游泳前后也要坚持喝一杯水。

不要做：放弃！您几乎已经完成了一半任务，成功来自于坚持以及不断地努力，其带来的长期好处值得您努力。

奖励

泡一个舒服的热水澡。

不要担心，没有人会一夜之间变成技术大师。过于关注每一个细节只会使您离游400米的目标越来越远。花些时间思考自己的游泳姿势，确保游泳姿势流畅即可。不和谐的游泳姿势会浪费您更多精力。这也是为何我们建议您周一休息的时候花些时间想想自己的游泳姿势。当您在脑海中温习一遍游泳姿势后，请站在镜子前面练习，要尤其注意双手的姿势。这也许有些奇怪，甚至比弹空气吉他还要奇怪！

游泳与大部分运动不同的是，游泳时几乎每块肌肉都在运动。尽管您可能有喜欢的游泳姿势，我们仍然建议此阶段蛙泳——这与秉持游泳姿势有效的原则一致。虽然您有自己喜欢的游泳姿势，但是不要害怕尝试蛙泳（尽管总是蛙泳确实很讨厌）。这不仅能够维持您的游泳兴趣，而且也能增强肌肉力量，从而帮助改善您偏爱的游泳姿势。

30分钟

体重57千克（125磅）的人以每小时8千米（5英里）的速度跑步30分钟可以燃烧热量240千卡；体重70千克（155镑）的人则会燃烧热量298千卡；体重84千克（185镑）的人燃烧热量355千卡。如果是游泳，燃烧的热量分别为300千卡、372千卡和444千卡。如果骑行速度为每小时22千米（12~14英里），燃烧的热量分别为240千卡、298千卡、355千卡。

如果事情毫无乐趣，您将无法合理对待。

——弗兰·塔克多

饮品中的热量

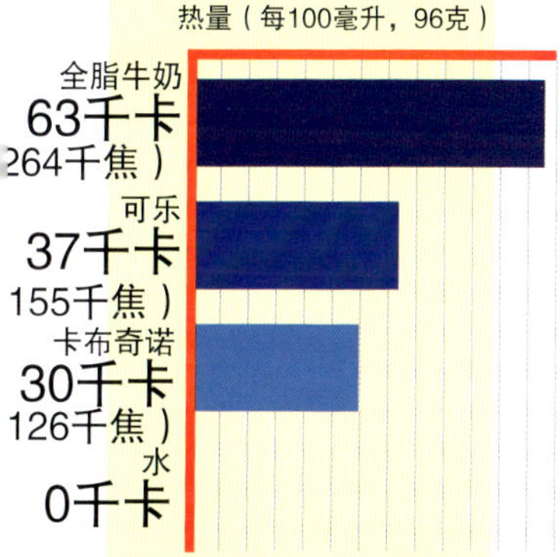

每天很容易在饮料中获得热量。不要让身体缺水，只需要平衡您喜欢的饮料的种类即可。图中显示了一杯牛奶、可乐和星巴克的全脂卡布奇诺中所包含的热量。

为了充分地练习每个游泳姿势，请注意同时运用双腿和双臂，双腿和双臂各自完成最好的“踢脚”和“拉动”姿势，并且尽量在水中保持良好的流线型姿势，从而减少身体在水中的阻力。游泳时呼吸尤其重要，也容易出错，因为这不是我们通常会想要去做的事情。请注意保持呼吸平稳，避免游泳时喘气，因为游泳时喘气可扰乱游泳过程，并有可能呛水。

您给自己买合适的游泳衣、游泳帽和游泳镜了吗？如果还没有，可以用宽松的短裤或者不常穿的衣服代替。但是合身的、由现代布料制作的游泳衣更舒适。合适的装备也会使您更开心，证明您在认真对待这件事。

热爱生活，从现在开始，不是明天或者明年，今天就是最美好的日子。

——托马斯·德赖尔

就是这样！

第5周完成

- 您正在享受游泳的节奏。
- 您需要明白提升的最好方式是游泳，游泳，继续游泳。
- 您已经花费一些时间去思考自己的游泳技术，尤其是双手的姿势。提高游泳技术有利于提高您在水中的表现。
- 您已经拥有不错的游泳衣、游泳帽和游泳镜。穿戴合适的装备表示您正在认真对待这件事，而且这可使您的心态更乐观向上。

本周小结

第6周

享受健康的好处

一直努力的您现在感觉更健康……

身体健康的快乐无与伦比，如果您身体健康，睡眠质量会更好，早上醒来感觉会更清醒，就会急切渴望出门（即使身体有点儿僵硬），这种感觉很美妙。每天似乎都是被拿来享受的，即便已经是下午了，脚步还透露着朝气。

我们不需要鼓吹运动所带来的好处（运动有利于心脏健康，有助于战胜病痛等），您几周来的改变就是很好的证明。尽情享受运动带来的健康吧！短短几周的锻炼就已使您变得更加充满活力，不仅如此，还会使您的思维更加敏捷。

运动确实能改善情绪，游泳后您正面的感受也开始延伸，运动会越来越成为您生活的一部分，运动可促使大脑释放令您心情愉快的化学物质，您会感觉更开心，所以让我们为那些美妙的、令人愉快的化学物质欢呼吧！

本周目标

开始享受身体更健康的好处。

努力运动后，您必会收获一些好处，要么睡眠质量变好，要么白天更加充满活力，要么更加乐观。请记住，经常锻炼有利于身体和心理的健康。

愿您享受生命中的每一天。

——乔纳森·斯威夫特

第6周：锻炼计划及日记

		日记
周一	休息。计划已经进行一半，请重新评估目标。您已经取得哪些改进，您可以在哪方面取得改进	
周二	向一位合格的游泳教练请教您不确定的地方	
周三	快走5分钟	
周四	热身，游25米（1个长度），休息15秒。注意游泳技巧和呼吸方式。重复8遍	
周五	慢走8分钟	
周六	休息	
周日	热身，游100米（4个长度），休息5分钟，冷身。注意游泳姿势要放松，呼吸要到位	

本周

需要做：确保您在接下来几周坚持完成计划。适当减少运动有利于身体和思维的恢复，为下一个阶段做准备。

需考虑：回顾您的技术，回想自己的缺点是什么，写下一些问题向游泳教练请教。

不要做：忘记补充水分。因您正在锻炼，所以可能脱水，即使您被水所包围。

奖励

吃一次外卖来庆祝自己在游泳的路上已经走了这么远。

游泳另一个司空见惯、不容置疑的好处是体能的增加。即使您拎着购物袋步行回家或者清晨从家步行到地铁站，都不会气喘吁吁。

但是不要怀着骄傲的情绪开始设定其他目标。正如我们在计划开始所说的，不要一次改变太多。全身心投入400米游泳的终极目标，其他的好处（减肥等）将自然接踵而至。

当您几周前定下轻松游400米的目标时，您可能还没有意识到您的潜意识里已经被这个目标所吸引。所以当您继续锻炼时，您会发现自己逐渐被可以帮助您完成任务的策略所吸引，比如更好的技巧和更全面的营养。

5天

根据健康专家的说法，年龄在18岁以上的成年人每周至少要进行5天30分钟中等强度的锻炼。运动不需要连续，但每次至少需要10分钟。

有健康才有希望，有希望才有一切。

——阿拉伯谚语

EP
SOLFELT

30分钟不同活动的热量消耗（千卡）

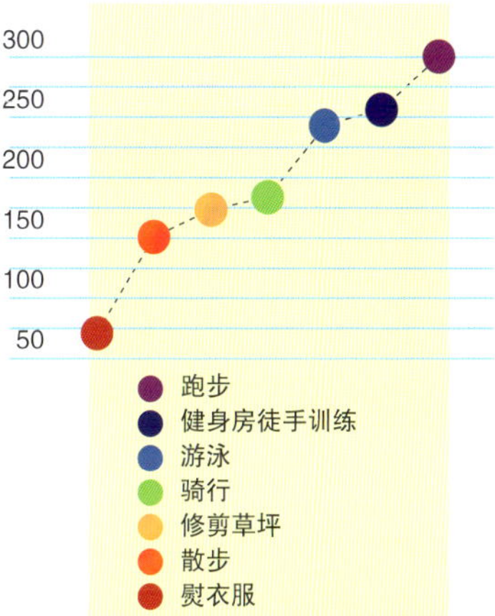

不同活动消耗的热量不同。值得注意的是，即使是一些日常活动也能帮助您保持健康。

这张图显示了修剪草坪，以每小时6.5千米（4英里）的速度散步，以每小时19~22千米（12~14英里）的速度骑行，以每分钟46米（50码）的速度游泳，以每小时9.5千米（6英里）的速度奔跑以及健身房徒手训练所消耗的卡路里。

朝向400米游泳的目标持续奋斗。现在距离挑战日还有几周，有充足的时间让肌肉做好准备。如果还没有决定挑战的地点，是时候考虑一下了。与跑步不同的是，跑步有许多比赛，对于普通的游泳者而言，游泳类的比赛比较少，可以关注慈善机构组织的比赛或者由学校或其他社会机构所共同赞助的游泳比赛。

在挑战日完成400米游泳更像是参加一场“比赛”。您可以把它当成个人的事情，到当地的泳池去游泳（我们只是假设，并没有很多人拥有私人泳池）。既然您为此一直在努力锻炼，为何不拉上您的同伴、家人或者朋友（或者所有人），一起度过这美好的一天。这种“仪式感”在接下来的几周会使您备受鼓舞。

要选择游泳池相对安静的时候去运动，这样您不会被太多在周围嬉戏打闹的人所打扰。挑战日可以放在周六或者周日（第131页），时间上可以有一定的灵活性。有的泳池有特定的时间为想做长度运动的人规划标线轨迹，从而分离出赛道。如果这些时间与您设定的挑战日不冲突，可友好地和泳池主管预约。在挑战日，要打起精神，带好秒表。

聪明的人把健康当作最大的财富。

——希波克拉底

就是这样！

第6周完成

- 享受锻炼带来的所有好处，锻炼还将带来更多好处。
- 人们不可能一次改变生活中的所有事情，就现在来讲，集中精力关注锻炼计划就足够了。
- 您明白当您制订400米的游泳目标时，您就已经下意识地向着这个目标前进了。对锻炼关注越多，越有助于完成目标。
- 您已经考虑过在哪里完成自己的挑战，在脑海中敲定细节可使每天的目标更加清晰，并且更容易抓住重点。

本周小结

第7周

继续前行

终点近在眼前，不必忧虑，只需依照计划锻炼……

如果距离目标完成还有很长的距离（如刚开始进行400米游泳计划时），往往没有什么担忧。您会想："时间很充裕，理清思绪，成功完成计划轻而易举。"这是因为您感觉目标并不真实，因为终点看起来是如此遥远。现在，您全身心投入锻炼，一天天接近终点，担忧也会随之而来。

或许现在您正在数着距离挑战日还有几天（而不是几周），也许您会恐慌自己永远无法实现目标。"我需要更多锻炼"和"我需要更多时间"，这些将立刻成为您的口头禅。但是此刻您更应该做的是庆祝自己已经完成了这么多。如果您一直依照计划锻炼，一定会圆满完成400米游泳挑战。

本周目标

牢记自己的终极目标，不要担心，也不需要进行额外的锻炼。

虽然终点近在眼前，也更为真实，但是您没有必要恐慌。这个计划已经指引您锻炼了6周，并且还会继续带领您通向成功之路。现在是第7周，时间还很充足。

若放不下海岸风光，将永远无法横渡海洋。

——克里斯托弗·哥伦布

第7周：锻炼计划及日记

		日记
周一	休息，克制住想要增加运动量的欲望。本周锻炼有所增加，所以您需要得到充分的休息	
周二	热身，游100米（4个长度），休息5分钟。注意游泳技巧和呼吸方式。重复3遍	
周三	快走10分钟，记住这也和其他运动一样，需要热身和冷身	
周四	热身，游50米（2个长度），休息10秒。注意游泳技巧和呼吸方式。重复6遍	
周五	慢走14分钟	
周六	休息	
周日	热身，游200米（8个长度），休息5分钟，冷身。注意游泳时要放松，呼吸要均匀	

本周

需要做：回顾到目前为止您的进步，如果觉得运动过多，可适量减少。必要时，可多休息1天。

需考虑：加入游泳俱乐部，您可从与自己志同道合的伙伴那里获得额外的引导与支持。

不要做：与泳池的其他游泳者比赛。坚持贯彻您的游泳计划，并且寻找一些小但是持久的进步。

奖励

奖励自己一块巧克力！

为尚未做好准备而担心很正常。要记得提醒自己——现在不必做好准备。即使终点近在眼前，仍然有很多时间继续锻炼计划。相信您所完成的锻炼，并且继续努力锻炼。计划已经制订，所以只需按照计划循序渐进，时刻提醒自己并且持之以恒。

关注积极向上的日子（提醒自己在那些日子做了什么，并且重复这个动作），少担心消极的日子。您必须承认有些锻炼的日子是糟糕的，但是请把这些存放在短期记忆库中，把美好的日子存放在长期记忆库中。

回顾每个阶段以及每周结束时写下的日记，这将对您有所帮助。可以用正面的话语来激励自己，如“我热爱这项运动，它使我充满活力”。可以笑看早期的困难，如“每当我从泳池出来时，我都像蒸汽火车一样气喘吁吁”。那些日子现在已经在您身后，可能记忆模糊，但是您可以通过阅读日记来衡量自己的进步。

您喜欢做慈善吗？没有什么像运动挑战一样可以激励人心，所以可以考虑借用400米游泳挑战这种理由来为慈善机构筹集资金。选择一个您信任的慈善机构，发送一封邮件来解释自己的计划。大部分的慈善机构都有筹款装备，包括海报、捐款箱和他们将发送给您的赞助表格。如果没有这些装备，您可以让慈善机构写一封信证明您通过游泳挑战为他们筹集资金，也可以自己制作表格来完成慈善筹款。支持慈善机构也意味着您在坚定挑战的决心，并且更不可能有退路（当然，您不会有这种想法）。

7，8，9

我们大多数人都被告知，每天晚上需要“8小时的高质量睡眠”。专家建议成年人每晚睡7~9个小时，只有您自己知道多长时间是适合自己的。试着养成规律的睡眠模式，而不是在周末补觉，因为补觉会扰乱您的睡眠周期。

出色地完成一件事情后，您得到的真正奖励就是您已经成为成功者之一。

——阿农

您和其他人一起锻炼吗？有一个锻炼同伴有利于坚持锻炼，但是有时候也会出现一些不良竞争。随着计划的推进，你们中有一个人会超前于另一个人，这是正常的，要尽量避免攀比。你们不应该相互竞争，而应该相互帮助，去完成400米游泳的终极目标。

可以与朋友开展有趣的竞赛，督促彼此在锻炼中更努力，但是记住锻炼是为了您自己。如果您的同伴表现得比您更出色，您只需关注自己的进步。如果您表现得更出色，也不要幸灾乐祸，要继续鼓励您的同伴，您的目标一直是完成400米游泳计划。

锻炼带来的健康

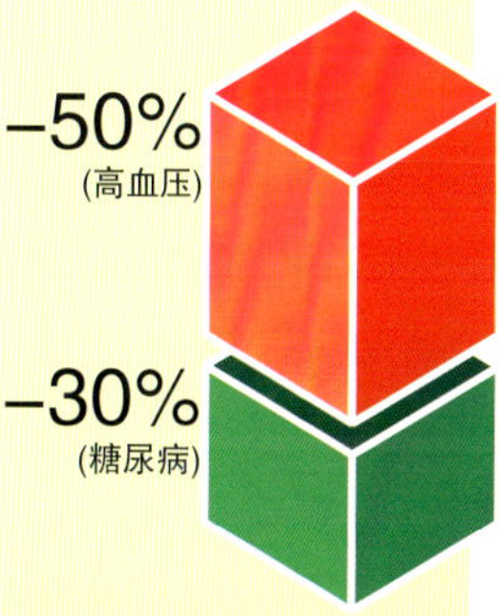

规律锻炼可以降低患慢性病的风险，如高血压（50%）、缺血性心脏病（40%）、糖尿病（30%）、乳腺癌（27%）、中风（27%）。

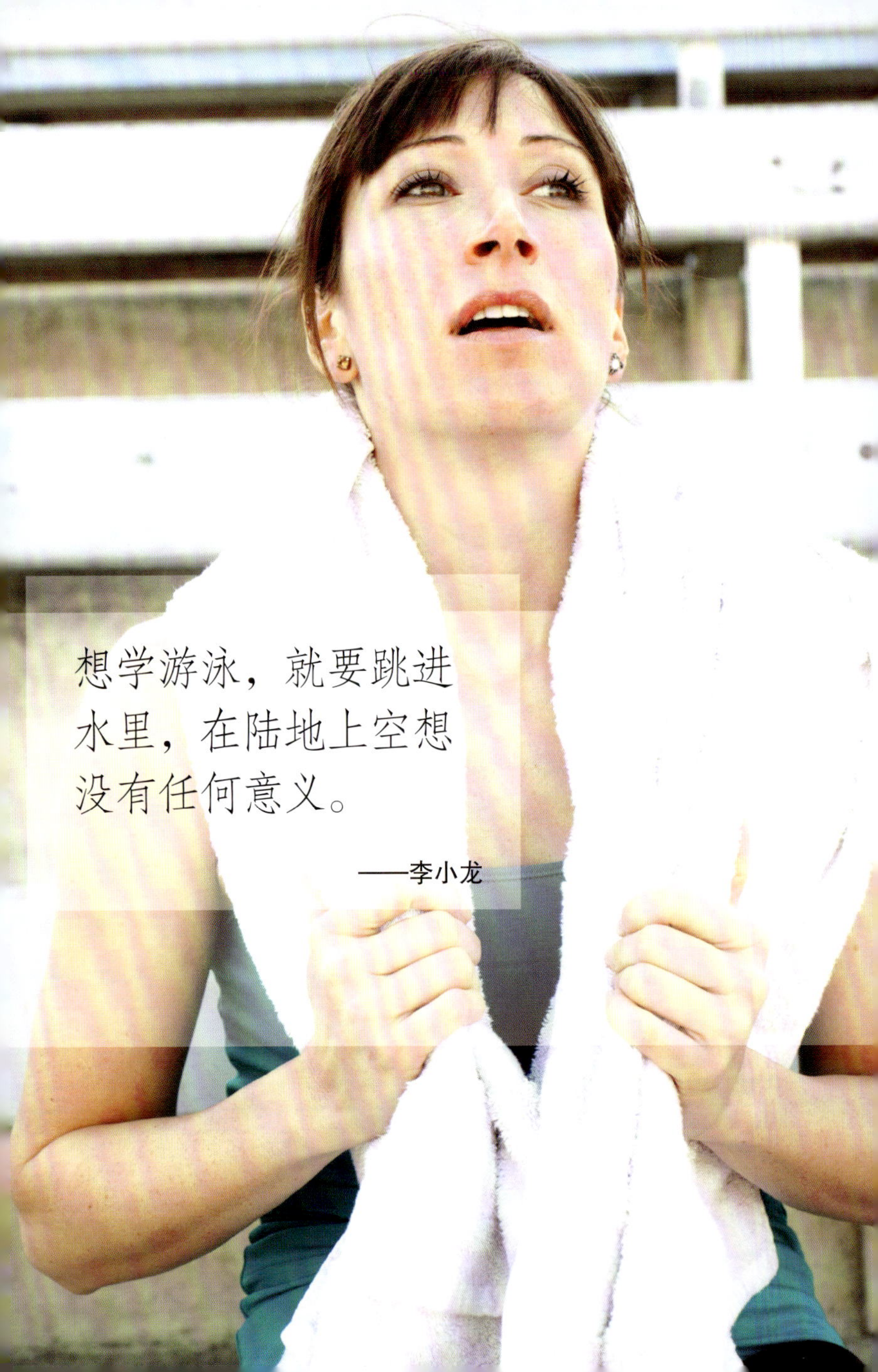

想学游泳，就要跳进水里，在陆地上空想没有任何意义。

——李小龙

就是这样！

第7周完成

- 您明白即使您在担忧自己的进程，也不应该做额外的锻炼，相信自己的计划并且不断努力锻炼。
- 您重温了自己的笔记，并从自己取得的进步中获得激励。
- 您不是在与其他人竞争，尤其是当您有锻炼同伴时。400米游泳挑战只与您自己有关，所以您唯一需要关心的是自己的进步。
- 您已经完成一半的游泳计划，鼓励一下自己！

本周小结

第8周

重新面对挑战

充满自信地期待自己完成目标，并且再次提出400米游泳挑战……

最初让您告诉5个人您的400米游泳计划，您是否对此有点不喜欢？再次确认这个挑战至关重要，所以不要跳过这一步。

即使您在大众面前是拘谨的，这一次也比之前容易。您的很多朋友和家人都很有兴趣了解您的进展，所以无论如何他们都非常希望听到您的近况。

正如您第一次的行动，这次行动不必惊天动地，完全没有必要站在屋顶大声叫喊。实际上，再次这样做是让您聆听自己内心的声音，以保持平常心。您可以经常和朋友高兴地谈起。“还记得上次我们见面的时候我告诉过您的锻炼计划吗？我已经完成一多半了，我一定会完成整个计划的。”事情就是如此简单。

本周目标

从第1周开始回忆——这一次需要更多细节。

您的思维是强大的工具，思维会和您的身体共同运转，帮您成功实现目标。要经常反复在脑海中回忆游泳锻炼。

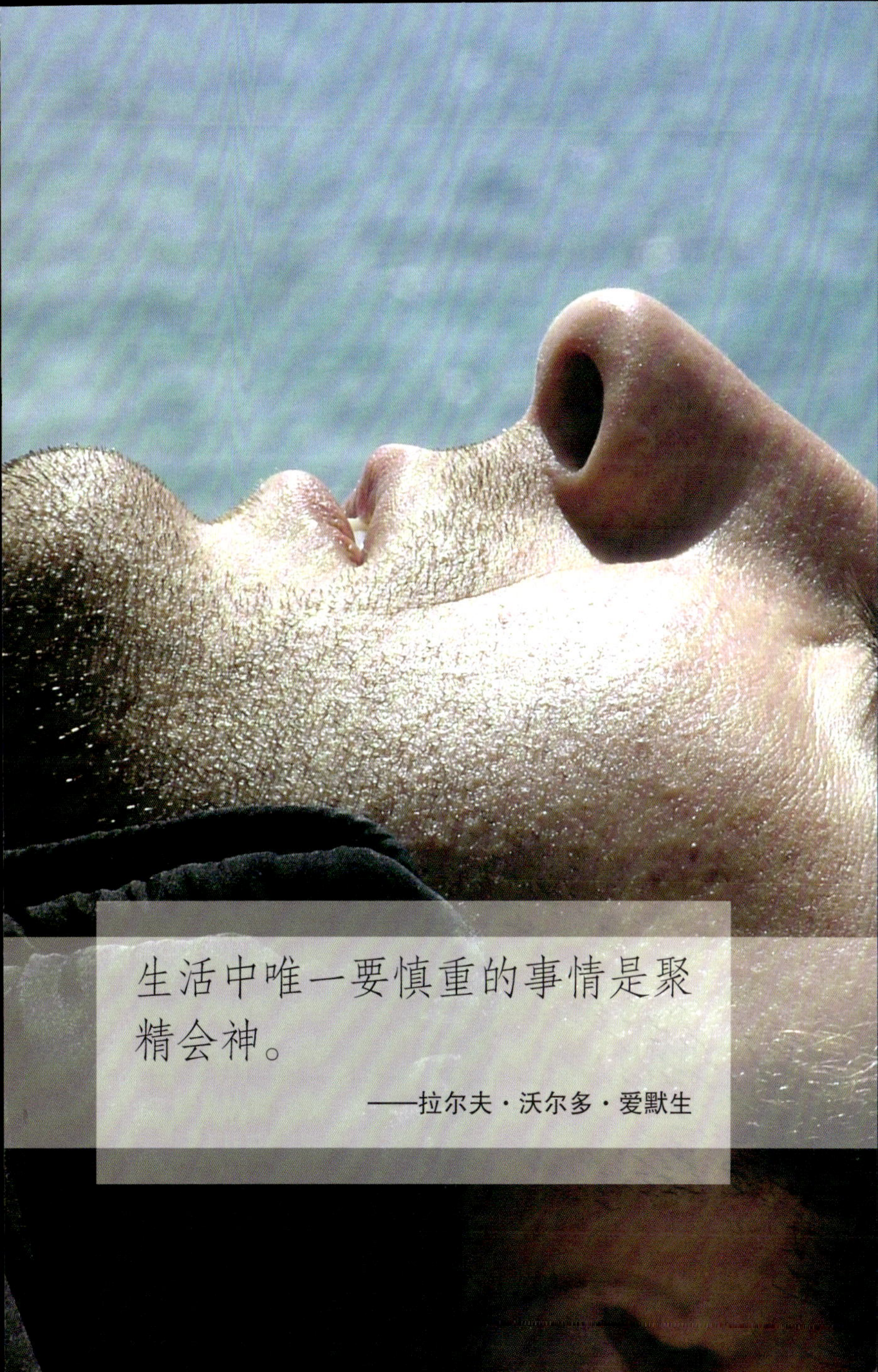

生活中唯一要慎重的事情是聚精会神。

——拉尔夫·沃尔多·爱默生

第8周：锻炼计划及日记

		日记
周一	休息	
周二	在合格的游泳教练的指导下练习	
周三	快走10分钟	
周四	热身，游50米（2个长度），休息15秒。关注自己的游泳技巧和呼吸方式。重复6遍	
周五	慢走14分钟	
周六	休息	
周日	热身，游250米（10个长度），休息5分钟，冷身。注意游泳姿势要放松，呼吸要均匀	

本周

需要做：确保在30分钟的练习内食用一些点心，因为这是补充消耗能量最合适的方法。

需考虑：改变您的姿势，尤其是坐姿。坐时，背要挺直，不能弯腰驼背，因为弯腰驼背会给脊柱造成压力。

不要做：因不得不偶尔错过几次锻炼而失望。接受您确实会有一些其他工作的事实，然后尽早回到自己的游泳计划中。

奖励

去看一场不被打扰的电影。

如果您确实是因为慈善机构而决定完成游泳计划，这就有可能是您将计划付诸行动中的良好时机。在办公室传发赞助表格，或者给朋友发送电子邮件，这些都是您重新提起自己游泳计划的方法。

重新提起您游泳挑战的另一重要部分——想象锻炼——您需要注意更多细节。现在，您可能在问为何需要再次宣布这个计划。毕竟，您可能在游泳中取得了进步，但是，不可思议的是，一些人甚至在目前仍落后于计划。

您运动健身时，大脑也会变得灵活。就像您没想到一个周期的锻炼会使身体变得健康一样，您也没想到大脑会变得灵活。在接下来的几周，您可以经常锻炼自己的大脑。专业运动员会花费很长的时间做好准备迎接挑战，因为他们知道身体和思维是一体的，两者共同作用，而锻炼者也将从中获益。

2

运动饮料含有两种重要的成分——电解质和碳水化合物。长时间的锻炼会使身体失去电解质。电解质可以维持人体内环境稳定，而碳水化合物可以提供额外的能量。尽管水对大多数爱运动的人来说总是很重要的，但也要注意补充电解质。可以试试运动饮料，看看您喜不喜欢喝。

请关注旅途，而非目的地；幸福是享受完成一件事的过程，而不是关注这件事的结果。

——格雷格·安德森

酒中所含的热量（千卡）

外出一晚所饮下的热量数量很容易计算。图中显示的是330毫升时代啤酒（酒精纯度4.8%），175毫升杰卡斯莎当妮半干白葡萄酒（酒精纯度13%），25毫升孟买蓝宝石金酒（酒精纯度40%）和275毫升WKD饮料公司气泡酒中所含热量数值。

找一个安静、不被人打扰、有助于集中精神的地方，闭上双眼，开始想象400米游泳的细节。在脑海中想象自己准备冲向泳池，想象自己正在检查装备包中整理好的东西——游泳衣、游泳镜、毛巾等，从而为游泳做好准备，然后一边朝泳池走去，一边“听”自己最爱的音乐。

换好衣物后，“感受”休闲中心空气的温暖；在游泳前洗澡时，感受水温。当您做好准备时，把泳池的所有景象和气味都记入心中，当您用第一个游泳姿势推水时，“感受”水。想象自己数着双臂拍打水面的次数，游泳时将更自信，更充满力量。现在您正在数着最后一次拍打，终点近在眼前。最后，当您接触到400米终点的泳池边缘时，想象这种感觉，然后同您的同伴或朋友一起庆祝。

这种想象被称为未来记忆，是某种您已经记得，但是还没有发生的事情，这是一种强大的工具，但是运用此工具需要花费几分钟。

光说不练假把式。

——中国谚语

就是这样！

第8周完成

- 您已经进入12周计划的后半程，并且在不断取得进步。
- 您已经再次告诉朋友和家人您的挑战，如果您在为一个慈善机构游泳，您已经详细告诉别人如何支持您。
- 您明白大脑和身体将共同运作完成您最开始设立的目标，您的思维力量是强大的，所以请保持积极的心态。
- 您已经设想了自己的挑战日，并且在脑海中想象了许多细节。

本周小结

第9周

注重细节

是时候改善您的游泳技巧了……

要想在一件事上有出色的表现，最好的方法是行动，这是为何在计划的早期我们鼓励您游泳，游泳，不断地游泳。最初的计划只是教您重返泳池以及摆脱游泳时的慌张。渐渐地，身体强壮了，您得以再次享受游泳。现在，是时候更详细地回顾自己的游泳技巧了。好的游泳技巧会使您在游泳时更顺畅，这意味着您将在水中不用费劲儿就能游得更远，现在您的游泳技巧一定不会很差，对吗?

在本书之初，我们建议您在完成目标的锻炼时，可以蛙泳。虽然这明显不是最快的游泳姿势，但是对于大部分长时间没有游泳的人而言，这可能是最舒适的游泳方式。注意手臂和双腿需要更有效地配合。如果您让强壮的双腿控制上身的运动，游泳就相对容易，反之亦然。所以要经常锻炼，把握好两者的时机，从而从每个游泳姿势中获得最大的好处。

本周目标

关注自己的游泳姿势。

改善一些简单的环节，如如何协调手臂和双腿的动作，从而能极大地提高您在水中的表现。有时，小改变意味着少费力并能游得更快。

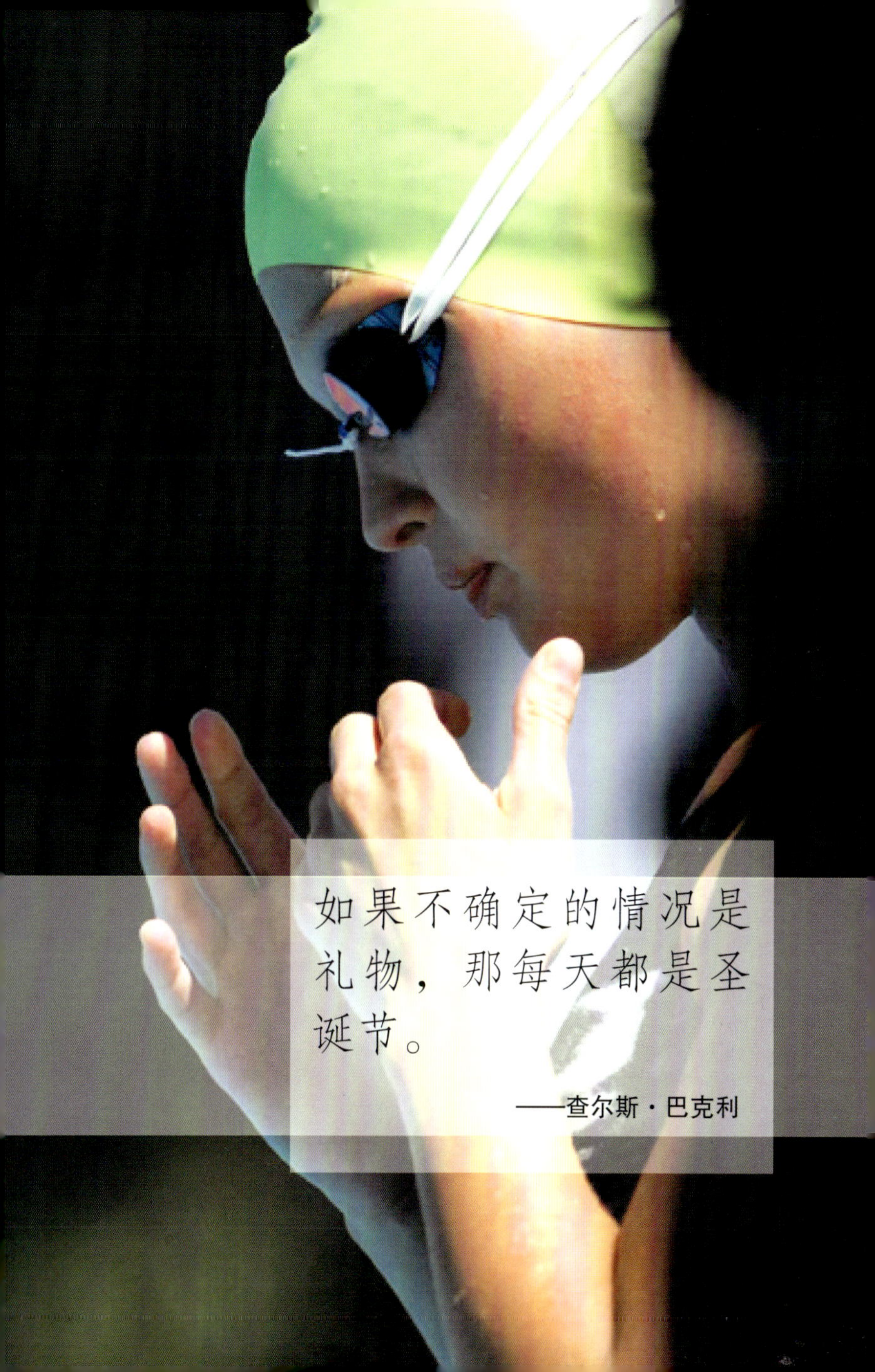

如果不确定的情况是礼物，那每天都是圣诞节。

——查尔斯·巴克利

第9周：锻炼计划及日记

		日记
周一	休息	
周二	热身，游100米（4个长度），休息20秒。注意游泳技巧和呼吸方式。重复2遍	
周三	快走8分钟	
周四	热身，游50米（2个长度），休息10秒。注意游泳技巧和呼吸方式。重复3遍	
周五	慢走10分钟	
周六	休息	
周日	热身，游200米（8个长度），休息5分钟，冷身。注意游泳姿势要放松，呼吸均匀	

本周

需要做：坚持健康的饮食习惯，每天摄入50%的碳水化合物、30%的蛋白质和20%的脂肪。

需考虑：少看电视。多读书或者练习冥想有利于放松，不要做刺激大脑的事情。

不要做：一心两用。慢下来！关注于您正在做的任务，并且要做好。

奖励

奖励自己一大杯奶昔。

在水中尽量保持身体平稳，不要让臀部和腿部“下沉和拖拽”，但在抬头呼吸时身体姿势会有所改变，允许有少许“下沉和拖拽”。不要抬头看，抬头看会使颈部肌肉紧张。眼睛保持朝下向前看，能避免腿部“下沉和拖拽”。这样做在产生阻力的同时，可减慢游泳速度，使得整个游泳过程更艰难。

每个游泳姿势都要伸展开来，就像伸手触及前方的物品一样。手掌像鸭掌一样推水，回程时，手掌朝下向里。确保双脚脚心向上，双脚不可低于身体，这一点至关重要。当双脚低于身体时，可造成阻力，使您慢下来。不要害怕，用推动双脚来推动自己，不要仅仅为完成这些动作而行动，要尽量避免水面出现波浪，以减少双腿产生的力量。

当您在准备每个游泳姿势时，呼吸要均匀，节奏要和谐，身体伸展得像为下一个游泳姿势做准备的青蛙。如果您的游泳节奏容易紊乱，尤其是当您疲劳时，要放慢速度，重新让自己冷静下来，然后再慢慢返回游泳状态中。

4或9

每克意大利面、面包、谷物、水果和蔬菜的糖分和碳水化合物的热量为4千卡，每克脂肪的热量为9千卡，是前者的两倍多。如果您想变得更强健，应该要了解这些知识。

您可以完成不得不完成的事情，有时候您完成的比自己想象的更优秀。

——吉米·卡特

均衡饮食

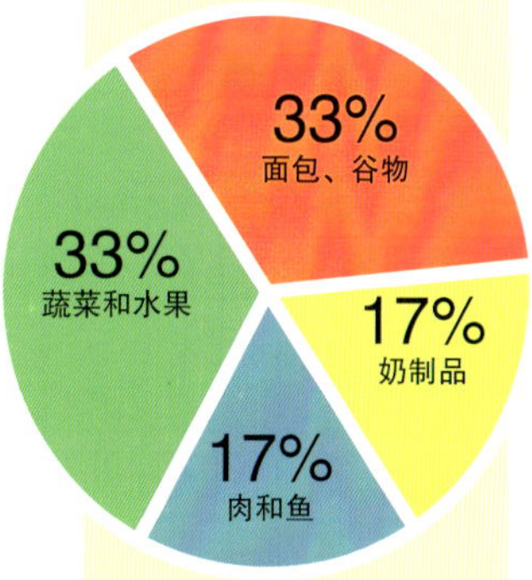

试着按照上图所示的食物组合保持饮食均衡，每天都摄入上述食物。也要限制饮食中包含的脂肪量。

如果您偏爱自由泳，且您能掌握自由泳的技术要领，自由泳是更能锻炼身体的。但是连续400米自由泳会异常辛苦。为了有效游泳，您要在第二个游泳姿势时呼吸一次，对于一个缺乏经验或者休息一段时间后重新运动的游泳者而言，这样容易缺氧。您可以调整游泳姿势，只在某些时候自由泳。

集中精神使自己的身体保持流水型姿势，呼吸时保持头部平稳，以此维持有效的姿势，而不是在大口吸气时偏移位置。当一只手臂进入水中时，另一只应该在水中划动打圈，转动臀部和肩部将有助于运动。同时，双腿应该平稳地踢动，膝盖应该呈最小幅度弯曲。

如果您仰泳，双眼须朝向天花板，双耳须露出水面，保持头部静止不动，转动肩部和臀部，这些可使双臂在游泳时运动起来。双腿须轮流踢动，尽量保持胸部和肩部高出水面。

如果您追求完美，您将总能实现完美。

——威廉·萨摩塞特·毛姆

就是这样！

第9周完成

- 您已经提醒自己取得进步的最好途径是行动，所以坚持游泳，不断游泳。
- 您明白所有的游泳方式都需要保持流水型姿势，集中精神使自己的身体高于水面并且平稳运动。
- 您明白蛙泳时，您需要用手掌推动水流，就像鸭掌一样，脚心朝上，双脚不要低于身体。
- 您明白自由泳时，一只手臂进入水中，另一只应该已经在水中推动，从而为下一个游泳姿势做准备。

本周小结

10 第10周

保持思维在路上

您感觉自己变得强大，但是不要过度自信，仍然还有一些事情要做……

游泳现在变得小菜一碟，不是吗？几周前，您还在担心自己能否完成几个长度的锻炼，但是现在您不仅可以完成，而且锻炼进入第10周，正蓄势待发等待着成功。我们可以这样看：第1周周日的“长游泳”仅2个长度，而本周周日的“长游泳”为12个长度——相当于挑战目标的3/4。

最后一周有繁重的锻炼任务，本周之后的锻炼量将会有所减少，从而确保您在挑战日头脑清醒。不要认为您需要在本周大力推进任务来证明某些事情，游泳时要平稳，心情放松，与游泳教练共同完成最后一个阶段的计划，从而消除最后1分钟的焦虑。

几周前，我们建议您不要超额锻炼，即使您觉得自己的运动量不够充分。这是一种“我需要挤出更多游泳的时间以确保我可以成功到达终点”的不科学想法。

本周目标

避免对于这个挑战过分自信。

过分自信可能意味着您在锻炼中对自己过分苛刻，而且将摧毁您所有的努力，相信这个计划，这将引导您成功到达终点。

欢快度日则光阴显短。

—— 威廉·莎士比亚

第10周：锻炼计划及日记

		日记
周一	休息	
周二	在游泳教练指导下练习	
周三	快走8分钟	
周四	热身，游50米（2个长度），休息10秒。注意游泳技巧和呼吸方式。重复6遍	
周五	慢走12分钟	
周六	休息	
周日	热身，游300米（12个长度），休息5分钟，冷身。注意游泳姿势要放松，呼吸要均匀	

本周

需要做：和朋友、家人分享您的进步，用您的例子来激励他人和自己。

需考虑：更加详细地记录您的锻炼，从而记录计划的进程。

不要做：忘记自己的目标。现在需要重新确认您的决定，从而帮助您集中注意力。

奖励

泡温泉和蒸桑拿。

现在我们必须警惕一些有害的事情，如过度自信。“我无所不能，我超级强大。”这种心态和思维方式都会使您疲劳，使您更不可能在挑战日完成400米的游泳目标。在最后关头，不要妄自尊大，以免摧毁所有的努力。

过度自信可能表现为：您和同伴一起锻炼（如周四游50米，休息10秒，重复6遍），你们一起做热身运动，然后以平稳的速度完成第一个50米，就这样重复着直到仅剩两三个50米。此时，别人赞美着您，于是您可能认为自己是漫画书（想象一本您最爱的漫画书）里的超级英雄，甚至拥有明亮的莱卡全身装备。

所以您好像充满了力量，因为感觉自己异常强大，您向同伴宣布在最后两三个50米游泳中，您将达到极致。于是您像个疯子一样冲出跑道（不像是超级英雄，更像是演戏）。也许您的锻炼同伴比您更理智，他一直坚持正常的锻炼速度，当他游过来时，您已经完成任务，坐在泳池旁边（或许在沾沾自喜）。但是当你们在锻炼后进入另一个重要模块时，您已经耗尽精力，几乎倒下。猜想在挑战日当天，你们中谁将自信而强大地完成任务，而谁将沿路一直挣扎（更糟糕的是，甚至有可能无法一起到终点）。不要让过度自信阻止您成为最好的自己。

17~19

澳大利亚和新西兰的研究人员发现，连续17~19小时不睡觉的人开车的状态比血液酒精浓度为0.05%（澳大利亚和许多欧洲国家对司机身体酒精含量的法律限定额）的人表现更差。不难看出，睡眠对于任何想要关注自己健康的人来说都很重要。

也许我还没到达终点，但我离目的地已经比昨天更近了一点。

——阿农

人体成分

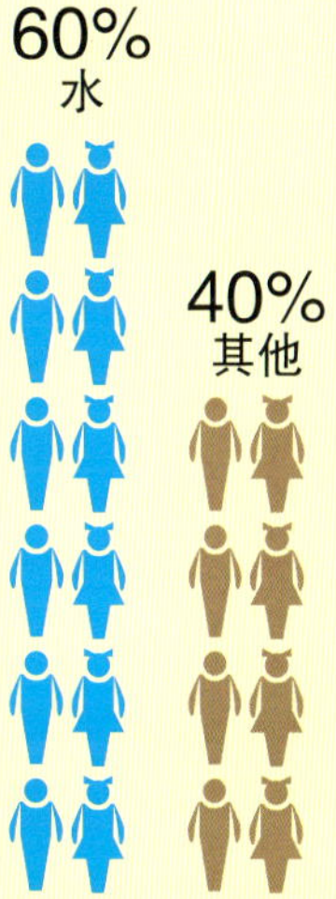

水占人体体重的55%~60%。大脑中水的含量约为70%，血液中水的含量约为83%，肺中水的含量约为90%。所以要确保每天都摄入足够的水，以保证身体健康。

您在瞄准比赛中的特定时间吗？之前我们避免讨论这个问题，因为这个计划致力于帮助您成功完成400米游泳。然而，随着您变得更强壮，您可能会设定一个特定的时间目标。如果您确实有这样的目标，那祝您好运。但是正如前文所述，不要让这个与完成游泳的目标相互冲突，而是要关注终极目标——表现，以及您在特定时间想得到的结果。

现在，看看锻炼带来的好处。适量的锻炼意味着您的免疫系统功能在加强，所以现在您患感冒的概率比之前要小。但是您仍然可能会感冒。当您开始锻炼计划时，如果出现感冒，真的很令人失望。一切要如往常一样（如注意保暖、勤洗手等），避免发生意外。如果生病，就不要继续锻炼，而要去看医生。

我正准备生火，每天锻炼就像为此添加燃料，在合适的时机，我将点燃火柴。

——米娅·哈姆

就是这样！

第10周完成

- 您会自然而然地想，为什么不早些挑战自己。
- 在游泳教练的指导下完成了最后一个阶段的计划。在此阶段，和他彻底讨论关于技巧或者爆发力的问题，探讨如何顺利完成挑战。
- 警惕过度自信。您不是超级英雄，请按照计划锻炼。
- 自己比计划之初，身体更强壮，因为运动可以增强免疫系统功能。然而，如果您生病了，请务必去看医生。

本周小结

第11周

胜利在望

全身心地投入挑战，避免开始新的项目……

您有许多要做的事情吗？例如，在书房装一个新书架、修补屋顶，或者清理停车库。

因为我们想做的事情（或者我们父母想做的事情）总比我们完成的事情数量要多，所以总有做不完的事情。由于有时候这会惹您烦恼，您可能很乐意把事情清单藏在脑后，然后您会惊奇地发现，终于有时间做其中一项了。即使有许多事情未完成，我们仍然可以幸福地生活。

无聊时您会看事情清单，但是为什么当您真的有一些重要的事情要完成时，也会看事情清单呢？原因其实相当简单——您在转移注意力。

本周目标

记住您的游泳挑战，避免开始新的项目来转移注意力。

您无法控制生活的方方面面——您往往要担负工作、家庭和社会的责任，所以请关注您可以控制的事情。否则，您会尤其关注那些事情并且怅然若失。所以请调整自己受挫的心情，关注一些平凡的事情。

成功的秘诀在于对目标的坚持不懈。

—— 本杰明·迪斯雷利

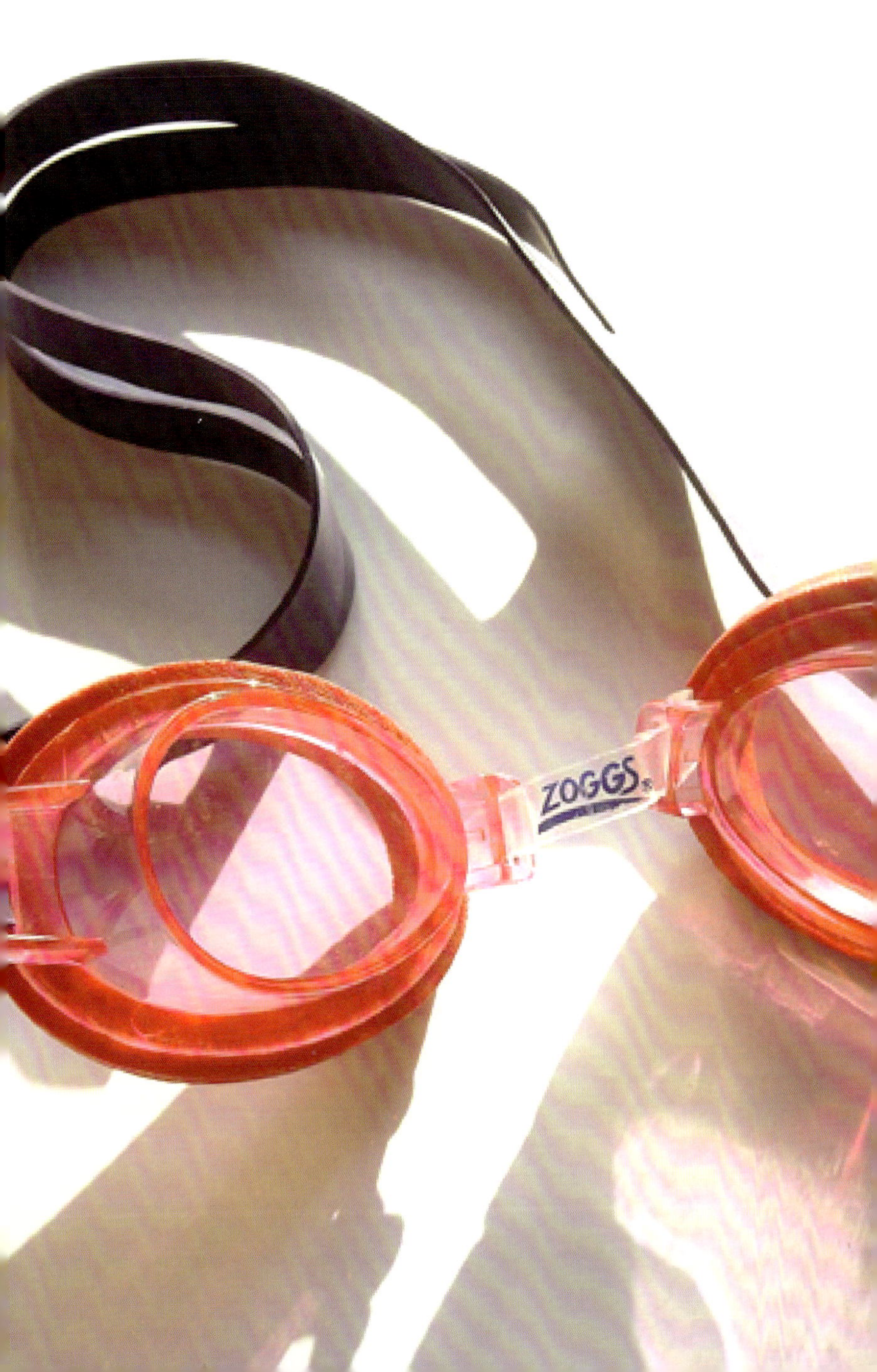
ZOGGS

第11周：锻炼计划及日记

		日记
周一	休息。从现在开始，为实现目标，减少整体训练，保存体力	
周二	热身，游100米（4个长度），休息20秒。注意游泳技巧和呼吸方式。重复3遍	
周三	快走8分钟	
周四	热身，游200米（8个长度），休息20秒。注意游泳技巧和呼吸方式。重复2遍	
周五	慢走12分钟	
周六	休息	
周日	热身，游300米（12个长度），休息5分钟，冷身。注意游泳时要放松，姿势要正确	

本周

需要做：提醒自己休息是锻炼计划中不可或缺的一部分。

需考虑：用步行来代替驾车的一小段路程。

不要做：忘记在每次锻炼前做热身运动和锻炼后做冷身运动。如果您不进行热身和冷身，将影响整体效果，甚至引起损伤。

奖励

买一个自己喜欢的游泳装备包。

即使兴奋值达到顶峰，也不要在此阶段做其他事情。如果一箱书已经在角落放了几个月都没有被放置在书房的新书架上，那么再多等几周又有何妨？您的400米游泳挑战现在只剩2周，您需要全身心地投入其中，所以将事情清单藏于脑后，全身心地关注当下。

如果您确实需要转移注意力，可以选择一些令人放松的方式，如看轻松的电影、读一本书或者浏览一本杂志。

专业运动员是为终极目标而生活、呼吸和睡眠。与专业运动员不同的是，您有自己的生活，经常会有同事、孩子、同伴、父母和朋友占据您一些时间。

生活充满了不确定性，总有很多无法掌控的事情打破您的计划。但是，在过去的几周，您已经证实您能够匀出游泳的时间，能够完成所有的要求。在接下来的几周，关注您可以控制的事情，做最小量的运动，从而在身体和思想上保持清醒。

36℃

在炎热的天气里运动时要格外小心。一旦温度上升到36℃（97°F）建议您取消锻炼，或将其推迟到一天中较凉爽的时间，因为高温会给身体造成很大的压力。

成功不会不请自来……
我们要主动走向成功。

——马尔瓦·科林斯

平衡膳食

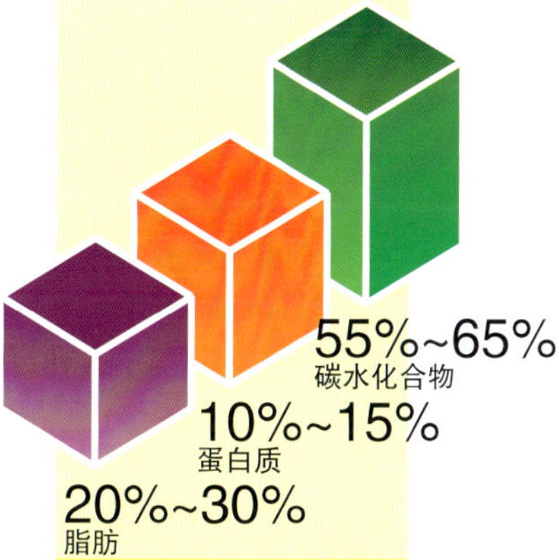

尽量让每餐食物比例与上图一致。

碳水化合物包括大米、面包、水果和蔬菜，蛋白质来自肉类、鱼类、奶制品和蛋类，而坚果、鳄梨、绿色橄榄、鱼油和橄榄油则是脂肪的来源。

在这个阶段您要注意吃好睡好，喝充足的水，少喝酒。这并不代表我们希望您改变自己的饮食习惯（此时不能让您的消化系统紊乱），只是您应该保持一些基本的习惯。

“早餐是一天中最重要的一餐！”我们在此之前已经听过很多次，这也确实是真的。早餐可以食用一些简单而有营养的食物，如酸奶、粥、燕麦，含有少量奶油芝士的三明治。可以再准备一些健康的小吃——水果或者坚果，以备在两餐之间感到饥饿时果腹。

养成在白天喝水的习惯，喝水要规律。要少喝酒，因为酒精可使人脱水，当然这并不是要您滴酒不沾，但是现在一周连续几晚喝酒对您没有任何好处。

我们每个人的心中都有从未到达过的地方，只有把自己逼到临界线，才会找到它们。

——乔伊斯·布拉泽斯

就是这样！

第11周完成

- 您知道自己无法控制所有的事情——您总会有来自工作和家庭的事情，所以您只需要关注您能控制的事情。

- 您明白控制事情的方法之一是将其记录于事情清单，而后藏于脑后，因为此刻不是处理这个清单的时候。

- 白天要多喝水，不要让自己脱水，每晚要睡好。

- 您明白酒精可使您脱水，并可影响您的表现。一杯酒不足以构成伤害，但是不要多喝。

本周小结

第12周

准备就绪

您的所有努力将化为实践，放手一搏吧……

梦想成真的时刻到了，您准备好了吗？您是否一心想去完成呢？答案当然是肯定的。您已经努力地锻炼了11周，现在是您400米游泳之前享受轻松的一周。

本周的锻炼更容易（几次20分钟的游泳和几次短途步行），所以尽情享受，保持放松和心情舒畅。根据您选择的是周六还是周日作为您的挑战日，您将有一两天的休息时间。重视这些休息时间，因为它们对您的身体至关重要，可以确保您在挑战日精神饱满。当然，我们也建议您在休息时间做一些柔和的拉伸运动，以使肌肉不会紧绷。

提前为挑战日做好准备是至关重要的。下面是物品清单，请提前准备好。

本周目标

享受计划的最后一周，然后成功应对挑战。

您花费了11周进行游泳锻炼，所以您已经做好完成挑战的准备。带着自信向前出发，相信自己可以做到！

有目标的人终会成功，因为他们知道自己努力的方向。

——厄尔·南丁格尔

第12周：锻炼计划及日记

		日记
周一	休息。是的，重要的一周，放松自己	
周二	热身，游50米（2个长度），休息10秒。注意游泳技巧和呼吸方式。重复4遍	
周三	慢走5分钟	
周四	热身，游100米（4个长度），休息10秒。注意游泳技巧和呼吸方式。重复2遍	
周五	慢走8分钟，或者休息	
周六	挑战日！游400米（16个长度），休息5分钟，冷身。也可以是休息日。选择最佳的一天完成挑战	
周日	挑战日！游400米（16个长度），休息5分钟，冷身。也可以是休息日。选择最佳的一天完成挑战	

本周

需要做：为完成目标，睡眠要充足。放松，方便的时候抬高双脚。

需考虑：设定未来的目标，可能是增加游泳的长度，或者参与一个有组织的事件，如慈善机构的游泳或者赛跑。

不要做：在锻炼前2小时内进食。坚持健康的饮食习惯，充分地储存能量。

奖励

给自己一点表扬，鼓励自己完成目标！

清单

- ☐ 游泳包
- ☐ 游泳帽
- ☐ 游泳镜
- ☐ 装钱的储物柜
- ☐ 夹克或者保暖上衣
- ☐ 水或者运动饮料
- ☐ 能量棒
- ☐ 秒表
- ☐ 拍纪念照的相机
- ☐ 毛巾

在挑战日前一天晚上，由于紧张也许您很难入眠，所以尽量在这周保持良好的睡眠。在挑战日之前吃一次正式的晚餐（但是不要吃油腻的），在挑战日早上多喝水以保证身体的水分充足。如果您为了避免泳池拥堵，想一大早进行挑战，您需要尽量起得比往常早。

挑战日早上，喝充足的水，确保您在游泳前进食。请记住，您不能在游泳期间喝饮料，所以挑战之前补充适量的水分至关重要。坚持正常的早餐习惯，不要吃引起肠胃不适的食物。

如果您足够幸运，可以找到一次慈善机构举行的或者受到赞助的游泳比赛，您应早做准备，以确保您可以熟悉环境。在去泳池的路上注意保暖。尽量在进入泳池之前淋浴，热身并且做好准备。虽然您设定了开始游泳挑战的时间，但因为不是官方的开始时间，有的人可能会有怠慢。再次提醒，请坚持按照您计划好的时间进行，同泳池员工核对标记线是否已经就位。如果您已经提前安排好，在您已经计划好的时间开始挑战，请认真对待这件事。

6~10

如果想在白天表现良好，那就睡个小觉，或者说得高级一点儿，那就去睡个能量觉，只要睡6~10分钟就够了。如果6~10分钟对您来说仍然难以实现，可以再缩短一点儿时间，这样就可以避免醒来的时候感觉昏昏沉沉。

狗的大小在战斗中不重要，重要的是狗战斗欲望的大小。

——德怀特·戴维·艾森豪威尔

如果您有一起锻炼的同伴，可以和他讨论您的游泳计划，彼此相互提醒对方付出的努力，这样做有利于保持冷静。接受朋友或者家人美好的祝愿也许能激励您完成400米游泳目标。

即便您此时异常兴奋，挑战之初也不要盲目、过快地消耗能量。400米游泳是一件容易的事情，所以请放松地游几个长度，并且保持节奏平稳。

如果泳池中的人比您想象中多，不要慌张，只需要平稳移动，并且尽量保持游泳姿势平稳即可。尽量不要过多地穿插在其他人之间，否则您的游泳距离将会有所增加。

最后，若您已做好准备，现在是时候出门享受游泳了！

您有没有注意到，当训练完不再气喘吁吁的时候，那种感觉有多好？

许多研究发现，锻炼与生活的幸福感和满足感有直接联系。有比能让您面带笑容更好的锻炼理由吗？

我认为战胜自己欲望的人比战胜敌人的人更勇敢，因为最强劲的敌人是自己。

——亚里士多德

就是这样！

第12周完成

- 您已经在12周内完成400米的游泳目标，干得漂亮！
- 您现在有一整套日记提醒您在这12周取得的成绩。
- 锻炼使您更强健，您已经证明自己能够面对挑战并能成功应对。享受这种感觉吧！
- 我们建议您自我鼓励，但是我们确信您可以想出更有趣的方法！

本周小结

接下来做什么？

您已经完成目标！现在您可以向前看

已经成功完成挑战，下一步做什么……

完成400米游泳挑战后，您首先应该休息几天。无论您是否感觉舒适，请尽量停止锻炼一小段时间。

这是为了让身体在完成挑战后休息一段时间，同时也是出于心理原因。在过去的几周，您的思想和身体一直在为游泳挑战准备，休息就像标点符号，标志着这个目标的完成。

休息时间不要过长，否则您可能又会回到“吃比萨”的旧习惯。您可以在休息的时间回顾自己已经取得的成绩并思考下一步的打算。也许您想就此打住。但是当您花费如此多的时间和精力塑造体形之后再言放弃，将非常令人惋惜。保持健康的状态比重塑健康容易得多，您锻炼初期的困难就是例证。

也许您乐意继续每周完成三次游泳的锻炼。这确实可维持您在过去12周达到的健康水平，从时间角度来看，对您也有好处。过去几周的经历证明，您能够一边强身健体，一边处理生活上的事务。如果目标可以给您奋

9
8
7
6
5
4
3

斗的方向以及奋斗的动力，给自己设定另一个目标，将会对自己有所帮助。（这次挑战800米，怎么样？）

如果您在取得成绩后，感觉自己处于世界之巅（谁可以指责您？），那么您可能想把自己的游泳再提升一个水平。您可以找一名游泳教练定期改善您的游泳姿势（或者学习其他姿势），您还可以加入游泳俱乐部，看自己能够坚持多久。

请记住，虽然游泳有利于身心健康，这并不表示为了保持健康，您必须坚持游泳。因为以不同的方式锻炼肌肉也至关重要，所以在计划中进行了大量的步行练习。不管采取何种锻炼方式，要避免一直重复做同样的锻炼。

从健身房锻炼到跳广场舞，从跑步到骑行……有许多不同的方法可以强身健体。您可以在一周内既跑步又游泳，这种结合不同运动来强身健体的方式当然可以使您的身心保持饱满状态。

如果您真的充满激情，也要注意不要设定您能力范围之外的目标。当您计划每周锻炼6次，每次锻炼1小时，结果发现其他生活压力使得您无法达到目标时，这是毫无用处的，同时会使您受挫并感到失望。如果您想进行更多的锻炼，就要循序渐进，同时考虑身体和思维，运用一切方式伸展自己，但是不要挑战自己的极限。

无论您决定是否在游400米的基础上继续向前，请记得享受这个目标。强身健体不应感到乏味。您在年轻时可能仅仅通过跑步或和朋友一起娱乐来健身，尽量保持那种热情，锻炼时脸上常挂笑容将对您大有裨益，最重要的是坚持。

作者简介

丹尼尔·福特（Daniel Ford）曾经是久坐族的资深一员，但他偶尔也会穿上运动服。当他第一次开始跑步的时候，他跑了不到几百米就筋疲力尽了。两年后，他成功地完成了在南非开普敦著名的双洋超级马拉松，全程56千米（35英里）。他的健身生涯也有着类似的经历：尽管第一次健身的时候他还是个连站在哪里使用重量训练器械都不知道的家伙，但是几个月后，他就可以跟得上私教的训练进程——他的私教是前海军体育教练。

亚当·迪克森（Adam Dickson）毕生投身于健身事业者。2004年，其因突发脑癫痫而入院治疗，癫痫阻断其腿部血液循环，使其终身残疾。自此之后，他多次参加铁人三项赛、水陆铁人两项赛和艰苦的越野铁人两项赛。2006年，他参加完伦敦马拉松比赛后，紧接着参加了半程铁人三项赛。一年后，他在英国铁人三项赛中取得了14小时50分钟的骄人战绩。

罗素·墨菲（Russell Murphy）运动心理学家、本书的心理顾问。他经常与体育界人士合作，包括为跑步者、高尔夫球手和足球运动员提供咨询服务。作为世界催眠治疗师联合会的一员，他还就大公司的推动问题发表看法，并开展了戒烟、体重管理、缺乏信心、恐惧症和其他问题的治疗方案。